ORAÇÕES DA BÍBLIA
PARA crianças

Textos: **JAMES BANKS, CINDY KENNEY**

Ilustrado por
SAM CARBAUGH

Para Austin James
Efésios 1:16
Você é amado, sempre!
–JB

Para meus pais, com amor.
–SC

Originally published in English under the title
Praying the Prayers of the Bible for Kids
© 2018 by James Banks
Illustrations by Sam Carbaugh and © 2018 by Our Daily Bread Ministries
Our Daily Bread Publishing, P.O. Box 3566, Grand Rapids, MI 49501, USA.
All rights reserved

Coordenação editorial: Adolfo A. Hickmann
Tradução: Dalila de Assis
Revisão: Marília Pessanha Lara, Rita Rosário
Coordenação gráfica: Audrey Novac Ribeiro
Capa: Heather Dean Brewer
Design interior: Kris Nelson/StoryLook Design
Diagramação: Lucila Lis

Dados Internacionais de Catalogação na Publicação (CIP)

BANKS, James; KENNEY, Cindy (texto); CARBAUGH, Sam (ilustrações)
Orações da Bíblia para crianças
Tradução: Dalila de Assis — Curitiba/PR, Publicações Pão Diário, 2023.
Título original: *Praying the Prayers of the Bible for Kids*
1. Religião   2. Cristianismo   3. Literatura infantil não ficcional

---

Proibida a reprodução total ou parcial sem prévia autorização, por escrito, da editora.
Todos os direitos reservados e protegidos pela Lei 9.610, de 19/02/1998.
Permissão para reprodução: permissao@paodiario.org

Exceto se indicado o contrário, as citações bíblicas são extraídas
da edição Nova Tradução na Linguagem de Hoje © 2000, Sociedade Bíblica do Brasil.

Publicações Pão Diário
Caixa Postal 9740,
82620-981 Curitiba/PR, Brasil
publicacoes@paodiario.org
www.publicacoespaodiario.com.br
Telefone: (41) 3257-4028

Cód.: LG095 | ISBN: 978-65-5350-469-1

1.ª edição: 2024
Impresso na China

SUMÁRIO

**Introdução para
os pais, tutores e professores 5**

CAPÍTULO 1

Eu te amo, Deus! 7

(Orações de louvor)

CAPÍTULO 2

Obrigado, Deus! 19

(Orações de gratidão)

CAPÍTULO 3

Eu quero ser Teu amigo, Deus 29

(Orações sobre amizade e fidelidade)

CAPÍTULO 4

Eu preciso da Tua ajuda, Deus 43

(Orações pelas necessidades diárias)

CAPÍTULO 5

Que Deus abençoe você! 57

(Orações pelas bênçãos)

INTRODUÇÃO
para pais, tutores e professores

As orações da Bíblia são uma dádiva de Deus e são para todos, tanto idosos quanto jovens! A oração é um dos meios de comunicação mais significativo que temos com o Senhor. É nossa melhor oportunidade de nos achegarmos a Ele e desenvolvermos um relacionamento com Deus.

Orações da Bíblia para crianças o ajudará a colocar este presente nas mãos de crianças de quatro a oito anos. Este livro foi dividido em cinco temas diferentes que representam os tipos de orações que as crianças podem fazer. Cada parte se inicia com uma oração específica, extraída diretamente das Escrituras, que é sucedida por uma expressiva rima a qual ajudará as crianças a entenderem melhor a Deus e a como se aproximar e se comunicar com Ele na linguagem delas.

Por que a rima? Porque ela auxilia os pequeninos a se lembrarem do que leram ou ouviram, bem como a colocarem em prática o que aprenderam. A rima ajuda a estimular a descoberta, e esperamos que, por meio deste livro, crianças e adultos, juntos, descubram a alegria de se comunicarem com Deus em oração!

Incentive as crianças a encontrar uma hora especial no dia para ler este livro. Se vocês interagirem em uma sala de aula, poderá ser uma ótima maneira de começar as atividades ou de as encerrar juntos. Se vocês estiverem em casa, geralmente é mais fácil achar um tempo tranquilo pouco antes de uma refeição ou da hora de dormir.

Que Deus use este livro para o abençoar ricamente e abençoar as crianças com as quais você interage, à medida que oram juntos!

CAPÍTULO 1

Eu te amo, Deus!
(Orações de louvor)

Você já imaginou de onde vêm todas as coisas? Quem criou os animais, as nuvens, as árvores e as pessoas?

A resposta é: Deus! Ele criou tudo, até mesmo você. Deus é muito, muito sábio. Ele também é muito, muito forte e muito, muito amoroso.

Deus ama você, e, quando você o ama também, isso faz o Senhor sorrir. Deus gosta muito quando você fala com Ele; chamamos isso de "oração". E quando você diz para Deus que você o ama, chamamos isso de "louvor".

Portanto, amem o Senhor, nosso Deus, com todo o coração, com toda a alma e com todas as forças.
DEUTERONÔMIO 6:5

Falar com Deus é tão fácil quanto falar com um bom amigo, e Deus quer ser o seu melhor amigo! Ele ama tanto você que mandou o Seu Filho, Jesus, para viver aqui na Terra como um ser humano. Quando você conhece Jesus, também conhece a Deus e você viverá com Ele para sempre!

Você pode falar com Deus sobre qualquer coisa. Ele só quer ouvir o que está em seu pensamento. Deus sempre ouvirá você e fará o que for melhor, porque Ele o ama, não importa o que acontecer. E você pode sempre dizer para Ele: "Eu te amo, Deus!".

Aleluia! Que todo o meu ser te louve, ó Senhor!
A vida inteira eu louvarei o meu Deus,
cantarei louvores a ele enquanto eu viver.
SALMO 146:1-2

Ó S㎓nhor Deus, como eu te amo! Tu és a minha força.

SALMO 18:1

Tu me manténs seguro em Teu amor.
Sinto-me forte e que sou do Senhor.
Eu te amo, Deus, e sei que estás aqui,
Escuta esta oração que agora faço a ti.

Espero poder viver bastante,
Fazendo o certo e sem errar nenhum instante.
Quero para sempre te amar,
E, pelo Teu amor, louvor te dar.

*Lembrem que o S㎓nhor é Deus.
Ele nos fez, e nós somos dele...*
SALMO 100:3

**...Ó Senhor Deus, tu cuidas
das pessoas e dos animais.
Como é precioso o teu amor!**

SALMO 36:6-7

Inverno, primavera, verão, outono.
De cada estação, meu Deus é o dono!
As nuvens, as árvores a florescer,
E o lindo arco-íris depois de chover!
Elefantes, ursos, gansos e patos,
Cobras, sapos, periquitos e gatos.
Os peixes no mar e o canguru,
Cachorros, girafas, também o tatu.
O céu azul, a grama a crescer;
Não há *nada* que Deus não possa fazer!

*E Deus viu que
tudo o que havia feito era muito bom...*
GÊNESIS 1:31

Ó Senhor, tu és o meu Deus. Eu te adorarei e louvarei o teu nome, pois tens feito coisas maravilhosas; tens cumprido fielmente os planos seguros que há muito tempo decidiste fazer. ISAÍAS 25:1

Obrigado, Deus, por estares comigo todo dia.
Tu não me abandonas e és o meu Guia.
Tu criaste o mundo, e também a mim,
Faz-me querer cantar alegremente sem fim.

O que deixa você tão alegre
que dá vontade de comemorar?

*Louvado seja o Senhor, que dia a dia
leva as nossas cargas! Deus é a nossa salvação.*

SALMO 68:19

Deus, eu amo ouvir a Sua história,

Cheia de amor, força e glória.

O Senhor me mostra o quanto cuida da gente,

E, quando eu preciso, sempre está presente.

Eu sei que posso confiar no Senhor,

Que é quem conhece o meu interior.

Fale sobre uma ou duas histórias da Bíblia que são as suas favoritas.

Tu és o meu Deus — eu te louvarei...
SALMO 118:28

O Senhor cuida de mim a toda hora,
Até quando durmo ou brinco lá fora.
Se estou de cama muito gripado,
Sei que o Senhor está ali do meu lado.

Se eu cair e me machucar,
O Senhor estará lá para me abraçar.
E mesmo se eu não me sentir tão bem,
Ainda assim o louvarei, amém!

Que tal fazer
um desenho da linda criação de Deus?

**Tu, ó SENHOR Deus, és tudo o que tenho.
O meu futuro está nas tuas mãos;
tu diriges a minha vida.**

SALMO 16:5

À noite, quando tenho medo do escuro,
Faço uma oração e me sinto seguro.
Se fico triste durante o dia,
Pensar no Senhor me traz alegria.
Sei que, do Céu, o Senhor cuida de mim
E me guarda com Seu amor sem fim.

Deus diz: "Eu salvarei aqueles que me amam e protegerei os que reconhecem que eu sou Deus, o SENHOR".

SALMO 91:14

> *Por causa de ti eu me alegrarei*
> *e ficarei feliz. Cantarei louvores a ti,*
> *ó Deus Altíssimo.*

SALMO 9:2

Tu és tão bom! — isso eu canto.
Obrigado por tudo, Deus santo!
Teus feitos a todos cantarei,
Pelo que Tu és, eu te louvarei.

Tu criaste coisas grandes, pequenas e belas,
E te amo, Deus, porque formaste todas elas!
Eu quero pular e quero cantar,
Pela alegria que me dás, vou celebrar!

O melhor de tudo é o Teu amor sem medida;
No Teu Filho, Jesus, encontro vida.
Então, levanto minhas mãos em louvor
Para adorar e honrar ao meu Senhor.

O que Deus fez
que o deixa muito feliz?

> *Louvemos o Senhor,*
> *o Deus de Israel...*
> *[Ele] enviou para nós um*
> *poderoso Salvador...*
>
> **LUCAS 1:68-69**

Ó Jesus, eu posso compartilhar contigo
Todo o amor que tenho em meu coração.
Eu sei que Tu estás comigo,
E estaremos juntos em qualquer situação.

Quero sempre seguir contigo,
Vendo Tuas obras, seja onde for.
Eu quero ser Teu amigo
Assim como Tu és meu, Senhor.

Queridos amigos, amemos uns aos outros
porque o amor vem de Deus. Quem ama é filho de Deus
e conhece a Deus. Quem não ama não o conhece,
pois Deus é amor. Foi assim que Deus mostrou o seu amor
por nós: ele mandou o seu único Filho ao
mundo para que pudéssemos ter vida por meio dele.

1 JOÃO 4:7-9

CAPÍTULO 2

Obrigado, Deus!
(Orações de gratidão)

O que você diz quando alguém faz alguma coisa legal para você?

Você diz: "Obrigado!".

Dizer "obrigado" é um ótimo jeito de falar aos outros que você gostou do que eles fizeram. Isso faz as pessoas sorrirem e também deixa Deus feliz.

Muitas pessoas fazem coisas legais para nós o tempo todo, mas Deus faz ainda melhor: Ele faz o Sol nascer todas as manhãs, mantém nosso coração batendo, dá a nós o alimento para comermos e nos ajuda a cada dia. O melhor de tudo é que Ele enviou Jesus para ser nosso maior amigo no mundo todo.

Vamos agradecer a Deus por tudo o que Ele faz!

Aleluia! Deem graças ao Senhor,
porque ele é bom
e o seu amor dura para sempre.

SALMO 106:1

> **Ó SENHOR Deus [...] Eu canto de alegria pelas coisas que fazes.**
>
> **SALMO 92:4**

Todos gostam de ver seu time ganhar,
De torcer por ele, festejar e celebrar.
Mas o que eu gosto de fazer, Senhor,
É festejar e celebrar em Teu louvor.
Aleluia, Deus!

Tu cuidas de mim quando estou brincando,
e, de várias maneiras, estás sempre me ajudando.
Enviaste Teu Filho para ser meu Amigo
e me prometeste a vida eterna contigo.

Então, o que eu gosto de fazer, Senhor,
É celebrar e festejar em Teu louvor.
Aleluia, Deus!

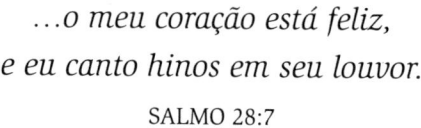

> *...o meu coração está feliz,*
> *e eu canto hinos em seu louvor.*
>
> SALMO 28:7

*Eu te louvo porque deves ser temido.
Tudo o que fazes é maravilhoso,
e eu sei disso muito bem.* SALMO 139:14

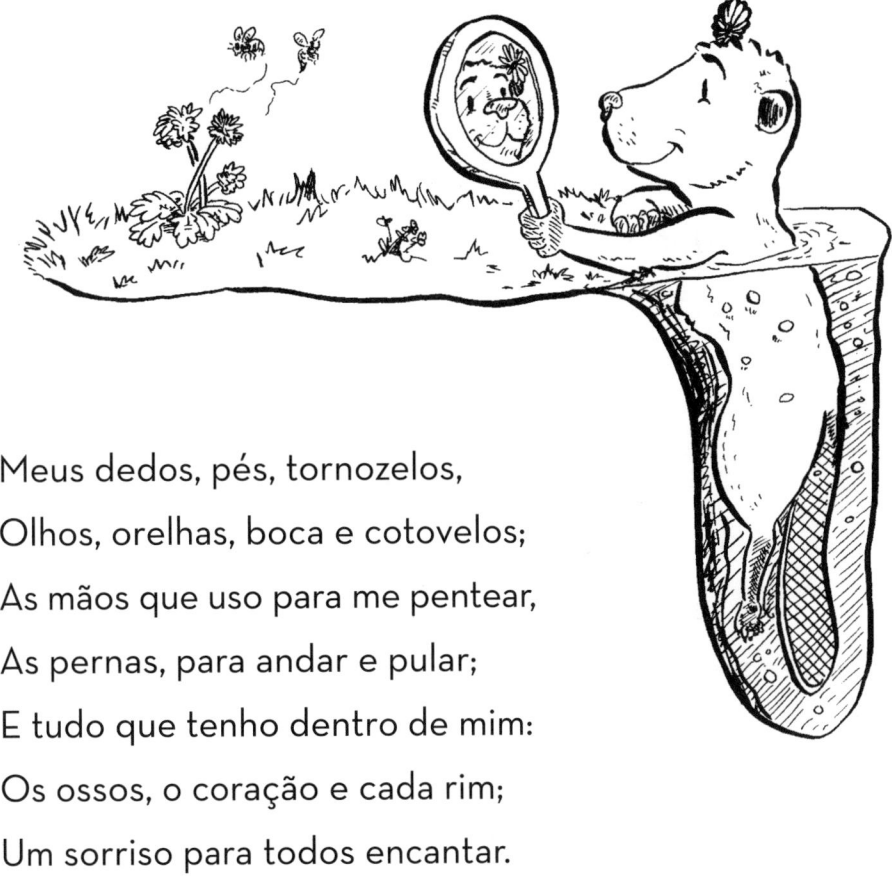

Meus dedos, pés, tornozelos,
Olhos, orelhas, boca e cotovelos;
As mãos que uso para me pentear,
As pernas, para andar e pular;
E tudo que tenho dentro de mim:
Os ossos, o coração e cada rim;
Um sorriso para todos encantar.
Obrigado, Deus, por me criar!
Tudo o que sou é obra do Criador,
O Todo-poderoso Deus e Senhor!

Pelo que você gostaria de agradecer a Deus?

*Nós te damos graças, ó Deus,
nós damos graças.
Anunciamos a tua grandeza
e contamos as coisas maravilhosas
que tens feito.* **SALMO 75:1**

Pelos planetas, estrelas, Sol e Lua,
Por poder brincar e andar na rua,
Pelas Tuas obras e cada criatura,
Deus, eu agradeço!

Por todos os seres que o Senhor criou,
Por minha família e amigos grato sou;
Por Tua ajuda, Deus precioso
Senhor, eu agradeço.

Por ficar comigo quando estou desanimado,
Por jamais teres me abandonado,
Por enviar Jesus, que caminha ao meu lado,
Deus, eu agradeço!

E Deus pode dar muito mais do que vocês precisam para que vocês tenham sempre tudo o que necessitam...

2 CORÍNTIOS 9:8

*Pai, eu te agradeço porque me ouviste.
Eu sei que sempre me ouves...*

JOÃO 11:41-42

Deus, enviaste Teu Filho a este mundo de errantes,

Para nos mostrar o quanto somos importantes.

Tu sempre ouvias quando Jesus orava,

Cada palavra que, de joelhos, Ele falava.

Ele nos ensinou a falar contigo em oração,

E, assim, aprendi que posso orar em gratidão.

Como você pode dizer a Deus "Obrigado" sem usar palavras?

> **Ó SENHOR Deus, como é bom dar-te graças! Como é bom cantar hinos em tua honra, ó Altíssimo!**
>
> SALMO 92:1

Às vezes, falo coisas que não deveria falar
E brigo com meus amigos em vez de brincar.
Mas, quando estou errado, Tu me perdoas
E me ensinas como ser legal com as pessoas.

E, quando sou um grande resmungão,
Faço pirraça e arrumo confusão,
Mas, quando penso em ti, faço as pazes.
Obrigado, Senhor, por tudo o que Tu fazes!

> *Não se preocupem com nada, mas em todas as orações peçam a Deus o que vocês precisam e orem sempre com o coração agradecido. E a paz de Deus, que ninguém consegue entender, guardará o coração e a mente de vocês, pois vocês estão unidos com Cristo Jesus.* FILIPENSES 4:6-7

Ó Senhor Deus,
eu te agradeço de todo o coração...
SALMO 138:1

Tu fazes muito mais do que posso imaginar.
É tanta coisa que eu não consigo nem contar.
Um número tão, tão grande,
que vai até o céu, de tão gigante.

Mas ainda quero te dizer: "Obrigado"
Por todas as coisas que tens realizado.
Então, como e por onde devo começar
A contar o que criaste e, assim, te alegrar?

O melhor que posso fazer
É começar o dia assim que o Sol nascer.
E, então, começar a contar em oração
Algumas das maravilhas das Tuas mãos.

É exatamente isso que vou fazer:
Lembrar o máximo que conseguir até o anoitecer.
Vou te agradecer e te dar o meu amor,
E sei que que do alto sou ouvido pelo Senhor.

Vamos contar algumas coisas que Deus faz por você!

Com um coração sincero eu te louvarei...
SALMO 119:7

Eu prometo fazer o certo sem segredos,
Arrumar a cama e emprestar os meus brinquedos.
Mas sei que, mais do que prometer,
O que o Senhor quer é me ver fazer.

Deus, ajuda-me a sempre te agradecer,
Amando e sendo o melhor que posso ser.
Isso importa mais do que qualquer palavra no mundo.
Ajuda-me, Senhor, a ser grato a cada segundo!

*Cantem salmos, hinos e canções espirituais;
louvem a Deus, com gratidão no coração.
E tudo o que vocês fizerem ou disserem, façam
em nome do Senhor Jesus e por meio dele
agradeçam a Deus, o Pai.* COLOSSENSES 3:16-17

CAPÍTULO 3

Eu quero ser Teu amigo, Deus
(Orações sobre amizade e fidelidade)

Deus ama você de verdade e, por causa disso, Ele quer ser seu amigo. Mas não só um amigo qualquer, e sim o melhor amigo que você poderia ter.

A Bíblia está repleta de histórias que contam o quanto Deus nos ama e como podemos ser amigos dele. Ela também nos ensina sobre como podemos falar com Deus, mesmo quando achamos difícil fazer o que Ele nos pede. Estas orações da Bíblia podem nos tornar os melhores amigos de Deus e do Seu Filho, Jesus.

> *Tu disseste: "Venha*
> *me adorar." Eu respondo:*
> *"Eu irei te adorar,*
> *ó SENHOR Deus.".*
>
> **SALMO 27:8**

Deus, há tanto que quero te contar;
Tenho tanta coisa para te dizer!
E, quando quero começar a orar,
Sei que o Senhor vai me acolher.

Tu amas quando oro a ti;
Esperas sempre a minha oração.
Para conversar, eu estou aqui,
Falar contigo alegra meu coração.

Sobre o que você mais gosta
de falar com Deus?

***A tua palavra é lâmpada
para guiar os meus passos, é luz
que ilumina o meu caminho.***

SALMO 119:105

Quando é noite, gosto de uma luz brilhante
Para iluminar e eu conseguir enxergar.
Assim, eu posso ver o que está adiante
E, então, eu não vou tropeçar!

Deus, Tua Palavra me ajuda a perceber
Tudo o que pode me fazer mal.
Ela é verdadeira e me ajuda a te conhecer;
Por isso, amo a Bíblia com amor *sem igual*.

*Jesus começou a falar com eles e disse:
— Eu sou a luz do mundo; quem me segue nunca andará
na escuridão, mas terá a luz da vida.* JOÃO 8:12

**Ó Senhor Deus, ensina-me
o que queres que eu faça,
e eu te obedecerei fielmente!**

SALMO 86:11

Brincar de "Siga o Mestre" é muito divertido
Quando são Tuas as palavras que sigo.

A Bíblia me mostra como andar aqui
E como ficar mais perto de Ti.

Eu vou por onde o meu Mestre me guiar,
Obedecer a Bíblia e o que ela ensinar.

Ajuda-me a ler a Bíblia diariamente
E a entender Tua Palavra completamente.

O que faz você se sentir perto de Jesus?

*Ó SENHOR Deus, ajuda-me a fazer
a tua vontade e faze com que o teu caminho
seja reto e plano para mim!*

SALMO 5:8

Deus, às vezes é tão difícil seguir

Tudo o que o Senhor diz, e não pecar.

Eu sei que não devo brigar ou mentir,

Mas, em vez disso, orar e amar.

Quando eu não quiser fazer o que é correto,

Eu vou parar, pensar e orar.

O Senhor vai me ajudar a fazer o que é certo,

A ser bom, gentil e não brigar.

Você sabia que pode contar para Deus
quando quer fazer algo errado,
e Ele vai ajudar você a fazer o que é certo?

Eu louvo a promessa de Deus...
SALMO 56:10

Tuas promessas são todas de verdade;
o Senhor é perfeito e não podes mentir.
Eu confio na Tua fidelidade:
Tudo que prometes, Tu vais cumprir.

Deus, agora quero agradecer
Por Tuas promessas maravilhosas.
Ajuda-me a encontrá-las e crer,
Em Tuas palavras tão preciosas.

Você sabia que Deus sempre cumpre tudo o que Ele promete?

Ó SENHOR, *tu examinas meu coração e conheces tudo a meu respeito.*

SALMO 139:1 (NVT)

O Senhor me conhece muito bem,
Sabe todos os meus segredos também.
Sabe quando estou alegre ou magoado,
Feliz, triste ou assustado.

O Senhor sabe tudinho sobre mim,
Sabe tudo e me ama mesmo assim.
Tu és meu Amigo sempre presente,
Ser Teu amigo me deixa contente.

*Como são preciosos os teus pensamentos
a meu respeito, ó Deus; é impossível enumerá-los!*

SALMO 139:17 (NTV)

> *Como ovelha perdida, tenho andado sem rumo. Ó SENHOR Deus, vem buscar este teu servo...*
>
> **SALMO 119:176**

Cachorros e gatinhos gostam de correr,
Vão tão longe a ponto de se perder.
Então, saímos e vamos por todo lugar,
Em busca deles para os resgatar.

Deus, de ti nós também fugimos assim,
Por pensamentos, ações e coisas sem fim.
E ainda que não façamos o que é certinho,
Com amor, Tu nos buscas pelo caminho.

Jesus, tu vieste atrás de mim,
E me chamaste para ficarmos assim:
Dia e noite juntos, bem perto.
Quero te seguir e fazer o que é certo.

—Eu sou o bom pastor;
o bom pastor dá a vida pelas ovelhas.

JOÃO 10:11

> **—Eu tenho fé! Ajude-me
> a ter mais fé ainda!**
>
> **MARCOS 9:24**

Meu Deus, não consigo ver o vento,
Mas ele se move como um pensamento.
E as estrelas não as vejo durante o dia,
Mas, à noite, elas brilham com alegria.

E, mesmo que eu não consiga te ver,
Ajuda-me a sentir que estás presente,
Senhor, quero te amar e continuar a crer
Que Tu sempre te importas com a gente.

Aquietem-se e saibam que eu sou Deus!
SALMO 46:10 NVT

...põe em meu coração
o desejo de temer o teu nome.

SALMO 86:11

Há tantas coisas que eu quero ganhar:
Um taco de beisebol, uma bicicleta para pedalar.
Blocos de montar e um cãozinho,
Uma piscina grande e um trenzinho.
Também um gatinho de pelúcia que mia...
Ah, tem tanta coisa que eu queria!

Mas tudo isso nunca vai me satisfazer.
Um coração solitário só Deus pode preencher.
As coisas acabam, mas o Senhor é eterno
E, todos os dias, sei que Ele está bem perto.
Deus, Tu és maravilhoso demais!
Ajuda-me a querer só a ti, mais e mais.

Pense em um brinquedo quase esquecido
com que você nem brinca mais.
Agora, agradeça a Deus porque você
nunca vai esquecer do Senhor.

***Guia-me pelo caminho dos teus mandamentos,
pois neles encontro felicidade.***

SALMO 119:35

Fazer o mal me entristece;
Não me deixa nada contente.
É como uma nuvem escura que aparece
E esconde o lindo Sol reluzente.

Então, sei que preciso me ajoelhar
E buscar o Senhor em oração.
Ó Deus, preciso de um Amigo para me ajudar,
Sei que Tu vais me mostrar a direção.

Fazer o bem é como uma luz brilhante,
Que, por onde passa, irradia.
Isso me torna feliz em todo instante
E faz o Senhor sorrir de alegria.

O que você pode dizer ou fazer
para Deus sorrir de alegria?

> **—O senhor sabe tudo e sabe que eu o amo, Senhor!**
>
> **JOÃO 21:17**

Jesus, te agradeço pelo Teu amor,
Amar a Ti me faz muito bem.
Quero te amar sempre mais, Senhor,
Em tudo que falo e faço também.

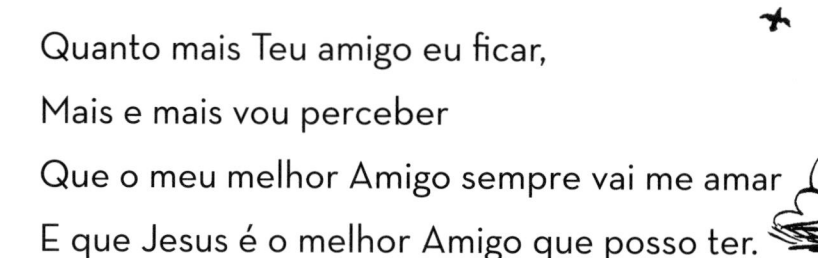

Quanto mais Teu amigo eu ficar,
Mais e mais vou perceber
Que o meu melhor Amigo sempre vai me amar
E que Jesus é o melhor Amigo que posso ter.

Diga para Deus três coisas
que você ama nele.

CAPÍTULO 4

Eu preciso da Tua ajuda, Deus
(Orações pelas necessidades diárias)

Todos nós precisamos de comida, água para beber e roupas para vestir. Precisamos de um lugar para morar e de alguém para nos amar e cuidar de nós.

Deus nos deu todas essas coisas porque nos ama e é bom para nós. Por causa disso, existe algo de que precisamos mais do que qualquer outra coisa. Você sabe o que é?

Precisamos do próprio Deus! Se Deus nos dá tudo de que necessitamos, então Ele é o que mais precisamos! Nós conhecemos melhor a Deus por meio de Seu Filho, Jesus, quando lemos a Sua Palavra, a Bíblia, e quando oramos a Ele. Deus deseja que peçamos a Ele tudo o que precisamos. O Senhor quer que dependamos sempre do cuidado dele por nós.

> *Portanto, não fiquem preocupados, perguntando: "Onde é que vamos arranjar comida?" ou "Onde é que vamos arranjar bebida?" ou "Onde é que vamos arranjar roupas?" Pois os pagãos é que estão sempre procurando essas coisas. O Pai de vocês, que está no céu, sabe que vocês precisam de tudo isso. Portanto, ponham em primeiro lugar na sua vida o Reino de Deus e aquilo que Deus quer, e ele lhes dará todas essas coisas.*
>
> MATEUS 6:31-33

O pão nosso de cada dia nos dá hoje.
MATEUS 6:11 NAA

Chocolate, caramelo e paçoca,
Pizza, cachorro-quente e muita pipoca!
Biscoitos fresquinhos e um montão de brigadeiros...
Tantas delícias para comer o dia inteiro!

Uma cama aconchegante e um pijama quentinho,
Um monte de brinquedos e o meu cachorrinho,
Uma família que me ama e amigos para brincar:
O Senhor sempre vai cuidar de tudo que eu precisar.

Deus, quero agradecer por tudo que o Senhor nos dá,
Deu-nos até Jesus Cristo para nos salvar e ensinar.
Jamais vou esquecer que o Senhor não deixa nada faltar.
Ajude-me a lembrar que devo sempre compartilhar.

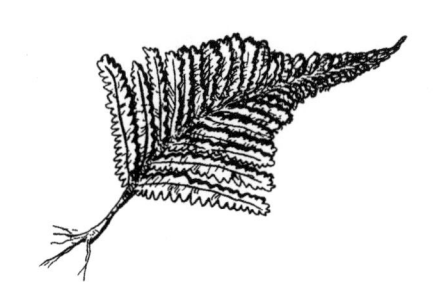

O que você tem que você pode compartilhar com os outros?

**Sabes tudo o que eu faço e,
de longe, conheces todos os meus pensamentos.
Tu me vês quando estou trabalhando
e quando estou descansando; tu sabes
tudo o que eu faço.** SALMO 139:2-3

Deus, Tu sempre estás sempre me vendo,
Até quando me levanto ou me sento.
O Senhor conhece todos os meus passos.
Sabes muito bem tudo o que eu faço.

Tu és tão fiel, meu Jesus!
Estás comigo no escuro ou na luz!
Ajuda-me a crer que não vais me deixar jamais
E a amar a ti cada dia mais.

*Em todo o Universo não há nada que possa
nos separar do amor de Deus, que é nosso por meio de
Cristo Jesus, o nosso Senhor.* ROMANOS 8:39

E não deixes que sejamos tentados, mas livra-nos do mal.

MATEUS 6:13

Preciso da Tua ajuda nas escolhas que preciso fazer.
Quero seguir Tuas regras sem desobedecer.
Sempre que eu for tentado a fazer algo errado,
Por favor, ajuda-me a fazer o que é do Teu agrado.

Sempre que faço algo que sei que é ruim,
Sinto uma tristeza enorme aqui dentro de mim.
Deus, quero fazer o que é certo,
porque te amo de verdade.
Por favor, ajuda-me a sempre
escolher a Tua vontade.

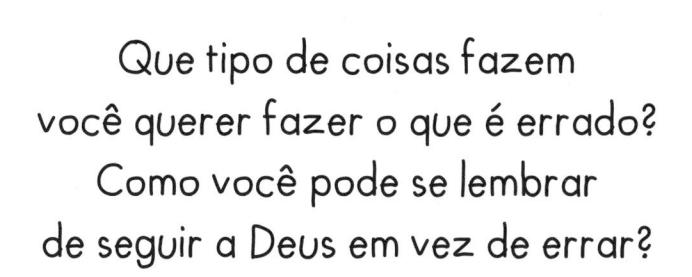

Que tipo de coisas fazem
você querer fazer o que é errado?
Como você pode se lembrar
de seguir a Deus em vez de errar?

***Perdoa as nossas ofensas
como também nós
perdoamos as pessoas
que nos ofenderam.***

MATEUS 6:12

Deus, às vezes faço coisas que eu não deveria.
Sei que elas são erradas e eu achava que jamais as faria!
Então vou dizer: "me perdoa", porque é o certo a fazer!
E Tu me perdoas, dizendo: "eu amo você".

Quando os outros me fazem mal ou me deixam magoado,
Isso é muito ruim e, às vezes, fico zangado.
Mas, aí, é a *minha* vez de amar e praticar o perdão
Como o fizeste por mim, e devo fazer de coração.

Quais são as vezes quando
você acha difícil falar "me perdoe"?
Como você se sente
quando alguém o perdoa?

Quando me deito, durmo em paz, pois só tu, ó Senhor, me fazes viver em segurança.

SALMO 4:8

Na hora de dormir, vou para a cama me deitar
Muito grato, porque o Senhor não vai me deixar.
Se escuto algum barulho, não fico *assustado*,
Porque o Senhor está sempre ao meu lado.

Eu gosto de ser por Deus cuidado.
Posso sorrir e me aconchegar despreocupado,
Pois o Senhor me mantém sempre seguro,
Mesmo na tempestade ou no escuro.

...é Deus quem dá o sustento aos que ele ama, mesmo quando estão dormindo. SALMO 127:2

— Senhor, eu sei que o senhor pode me curar se quiser.... MARCOS 1:40

Ralei o joelho e bati o dedão,
Meu ouvido dói um montão.
Até a minha barriga está mal.
Ai, este dia não está legal!

Estou tossindo, fungando e espirrando.
Queria que meu corpo não doesse tanto.
Por que será que estou assim tão doente?
Mas lembro que Tu me *amas* e fico contente.

Teu amor não tem fim, e estás sempre de plantão.
Em todo o tempo Tu ouves a minha oração.
Quando eu sentir medo, sei que vais me acalmar
E estarás bem ao meu lado quando eu chorar.

Você consegue se lembrar de alguma vez quando ficou doente e Deus cuidou de você?

> **[Peço] a Deus que [me encha] com o conhecimento da sua vontade e com toda a sabedoria e compreensão que o Espírito de Deus dá.**
>
> **COLOSSENSES 1:9**

Quando preciso tomar uma decisão
E não sei o que fazer,
Eu peço a Deus por Sua direção,
E Ele sempre me ajuda a escolher!

Eu peço ao Senhor por Sua sabedoria:
Há muita coisa que não sei como decidir.
Deus, por favor, sejas o meu Guia
E me mostra o caminho por onde devo ir.

Quem Deus usa para ajudar você a fazer boas escolhas?

> *Confie no Senhor de todo o coração e não se apoie na sua própria inteligência. Lembre de Deus em tudo o que fizer, e ele lhe mostrará o caminho certo. Não fique pensando que você é sábio; tema o Senhor e não faça nada que seja errado. Pois isso será como um bom remédio para curar as suas feridas e aliviar os seus sofrimentos.*
>
> PROVÉRBIOS 3:5-8

Suas palavras estão sempre presentes em meu coração para não pecar contra o Senhor.
SALMO 119:11 NBV

Deus, a Bíblia é Tua palavra verdadeira,
    É o livro mais perfeito para se ler.
Assim cresço de todas as maneiras,
    Pois ela me ensina o que preciso aprender.

Então, quando preciso de respostas
    Para algo que não sei resolver,
Leio Tua palavra, e Tu me mostras
    Exatamente o que eu devo fazer.

A Bíblia ensina sobre o amor do início ao fim.
   E está cheia de histórias de pessoas iguais a mim.
Ela me ensina o que as coisas querem dizer
   E me mostra coisas que não consigo ver.

A Bíblia nos conta sobre Jesus:
   Teu Filho, que veio do Reino de Luz.
A vida dele foi um exemplo espetacular
   De como todos nós devemos amar.

Deus, que a Tua Palavra me ensine a viver.
   Que ela me oriente como posso começar a aprender.
Ajuda-me a amar e cumprir tudo o que ela diz,
   E no coração a guardar para te fazer feliz.

Escolha uma das suas histórias bíblicas favoritas
   e conte para alguém que você conhece!

*Ó Senhor, ensina-me os teus caminhos!
Faze com que eu os conheça bem.
Ensina-me a viver de acordo com a tua
verdade, pois tu és o meu Deus,
o meu Salvador. Eu sempre confio em ti.*

SALMO 25:4-5

Eu amo ter o Senhor no meu pensamento

E agradeço porque Ele está por perto a todo momento.

Deus, Tu me guias, supres minhas necessidades

E tiras do meu caminho todas as dificuldades.

Tu me ajudas quando estou encrencado,

E também quando me sinto assustado.

Lendo a Tua palavra, posso aprender

E ficar preparado para o que acontecer.

Por favor, me ajuda, Senhor,

A mostrar a todos o Teu amor

E a contar o quão bom Tu és

Onde quer que ponha os meus pés.

Com quem você quer compartilhar
sobre o amor de Deus hoje?

E oro para que Cristo habite em seus corações, à medida que confiarem nele [...] e que vocês [...] possam compreender a largura, o comprimento, a altura e a profundidade do amor de Cristo; e por si mesmos possam experimentar esse amor, embora seja ele tão grande que vocês nunca verão o seu fim, nem o poderão conhecer ou compreender completamente. E dessa maneira, vocês ficarão cheios de toda a plenitude do próprio Deus. EFÉSIOS 3:17-19 NBV

Jesus, ninguém é igual a ti!
Alguém como Tu nunca vai existir!
Quero que o Teu amor venha me encher
Para que, em mim, todos possam te ver.

Quero aprender a amar como Tu, Senhor
Em tudo que eu fizer e por onde eu for.
Assim, todos os meus amigos vão saber disto:
Que também é para eles o amor de Cristo.

Vocês são filhos queridos de Deus e por isso devem ser como ele. Que a vida de vocês seja dominada pelo amor, assim como Cristo nos amou e deu a sua vida por nós...
EFÉSIOS 5:1-2

CAPÍTULO 5

Que Deus abençoe você!
(Orações pelas bênçãos)

"Deus te abençoe!" Às vezes, falamos essas palavras para as pessoas quando queremos que algo bom aconteça com elas. É uma maneira de dizer que nós queremos que Deus sempre as ajude e abençoe.

O que é uma bênção? Uma bênção é algo bom que Deus faz por nós. Quando oramos pelas bênçãos, estamos pedindo a Deus por coisas boas, e Ele quer que as peçamos! Deus ama nos abençoar e também quando pedimos que Ele abençoe as outras pessoas!

Algumas vezes, quando pedimos que Deus nos abençoe, Ele não nos dá aquilo que pedimos, ou pode não nos dar naquela hora. Mas isso não significa que Ele não está nos ouvindo. Deus sempre ouve e sempre se importa. Deus sabe o que é melhor para nós e quer que confiemos nele e que Ele sabe o que está fazendo. Então, as bênçãos de Deus chegam se elas forem o melhor para nós e no momento que Ele sabe que elas serão melhores.

Por tudo isso, podemos dizer ao Senhor que o amamos e contar aos outros o quanto Ele é maravilhoso e amoroso. Chamamos isso de bendizer ou louvar a Deus.

Nesta parte do livro, pediremos a Deus para abençoar a nós e aos outros. Também louvaremos a Deus dizendo a Ele o quanto Ele é maravilhoso. É tão bom orar pelas bênçãos!

Que Deus abençoe *você* enquanto você ora!

De todo o coração suplico a tua graça...
SALMO 119:58 NVI

Deus, por favor, vem me abençoar
Porque não tem nada que eu queira mais!
Tu és melhor do que tudo que eu possa alcançar
E sempre me dás as coisas mais legais!

Muito mais do que coisas materiais
Ou qualquer brinquedo que eu possa ter,
Tu, Senhor, és o que eu quero mais
E melhor do que todas as bênçãos que eu receber.

Por que Deus é melhor do que qualquer coisa no mundo inteiro?

Fica comigo e livra-me de qualquer coisa que possa me causar dor.
1 CRÔNICAS 4:10

Por favor, cuida de mim! Preciso de ti, Senhor
Na rua, na praia e por onde quer que eu for.
Protege-me das coisas ruins lá fora
E dos que querem me fazer mal na escola.

Por favor, não deixes eu me ferir,
Se, por acaso, eu tropeçar e cair.
E, quando eu ficar com medo de algo,
Vou lembrar que estás ao meu lado.

Em quais momentos, em especial,
você deseja que Deus cuide de você?

> *"...tudo o que tenho de bom vem de ti."*
>
> **SALMO 16:2**

Cada uma das coisas que eu tenho,
Os brinquedos e até os lápis com que desenho,
Coisas divertidas, legais, novas ou não,
Todas elas são um presente da Tua mão.

Ó Deus, quero tanto agradecer
Porque tenho o que preciso para viver.
Ajuda-me a sempre lembrar:
"Cada bênção é o Senhor quem me dá".

Por quais bênçãos
você gostaria de agradecer a Deus?

—Por favor, deixa que eu veja a tua glória
ÊXODO 33:18

Eu gosto dos super-heróis
E do que eles conseguem fazer.
Mas são tão pequenos como nós
Diante do Teu poder.

Maravilhoso Jesus, quero ver a ti
Em toda a Tua glória e majestade,
Quando, do Céu, Tu desceres aqui
E me levares para morar na eternidade.

O que você gostaria de dizer a Jesus quando se encontrar com Ele face a face?

*Que a graça do Senhor Jesus Cristo,
o amor de Deus e a presença
do Espírito Santo estejam com todos vocês!*

2 CORÍNTIOS 13:14

Quando outras pessoas oram por mim,
Isso faz eu me sentir tão bem!
Ajuda-me a orar por meus amigos assim
E a amar todos eles também.

Abençoa todos os meus amigos, Senhor,
E também minha família, Deus querido.
Que todos conheçam o Teu amor
Porque Tu és o nosso melhor Amigo.

Diga o nome de três pessoas
que você deseja que Deus abençoe
e diga também o motivo!

Que o SENHOR os abençoe e os guarde...

NÚMEROS 6:24

Tu sempre me manténs seguro.
Por favor, protege os que amo também.
Deus, és mais forte do que tudo!
Confiar em ti me faz muito bem.

Cuida da minha família como cuidas de mim,
E protege-os de todo o mal.
Deus, que eles sempre queiram, sim!,
Estar em Teus braços, de maneira especial.

Você gostaria que Deus
cuidasse e guardasse em segurança
alguém em especial?

**Somente a ti, ó Senhor Deus. A ti somente,
e não a nós, seja dada a glória
por causa do teu amor e da tua fidelidade.**

SALMO 115:1

Tudo que tenho de bom no meu coração
É obra *Tua*, ó Senhor.
Todas as coisas boas vêm da Tua mão
Porque és bondoso e Deus Criador.

Por favor, ajuda-me a ser humilde, Senhor,
Para te amar com sinceridade.
E te dar toda glória e louvor
Porque grande é a Tua bondade.

*Tudo de bom que recebemos
e tudo o que é perfeito vêm do céu, vêm de Deus...*

TIAGO 1:17